BILL
BRYSON

care

BILL BRYSON

Mein Afrika-Tagebuch

Übersetzung von Sigrid Ruschmeier

bombus

Bibliografische Information Der Deutschen Bibliothek
Die Deutsche Bibliothek verzeichnet diese Publikation
in der Deutschen Nationalbibliografie; detaillierte bibliografische Daten
sind im Internet über http://dnb.ddb.de abrufbar

Übersetzung: Sigrid Ruschmeier, Berlin
Lektorat: Jürgen Spiegel, Berlin
Cover-Gestaltung und Typografie: Ingo Scheffler, www.grafik-scheffler.de
Druck und Bindung: Ebner & Spiegel, Ulm

ISBN 3-936261-19-9

www.bombus-verlag.de

Mein Afrika-Tagebuch

Als der große Johnny Weissmüller Ende der vierziger, Anfang der fünfziger Jahre so schlabberig wurde, dass er kein Tarzanlendentuch mehr tragen konnte, ohne den Popcornverkauf an die Kinobesucher zu gefährden, drehte er zum Ausklang seiner Schauspielkarriere eine Reihe von Low-Budget-Abenteuerfilmen mit Titeln wie *Gefangene der Kopfjäger* und *Herrscher des Dschungels*, in deren Mittelpunkt eine Figur namens Dschungel-Jim stand. Diese bescheidenen Filmepen sind heute weitgehend vergessen, was schade ist, denn sie waren wahrscheinlich die herzigsten furchtbaren Filme, die je gedreht wurden. Der Inhalt war selten auch nur annähernd plausibel. In meinem Lieblingsfilm *Buschteufel im Dschungel* ging es um einen verschollenen Stamm weißer Pygmäen und den absonderlichen, aber wackeren Kampf gegen die Ausbreitung des Kommunismus. Die erzählerischen Möglichkeiten waren praktisch grenzenlos, denn die Dschungel-Jim-Filme bestanden großteils aus willkürlich aus anderen Abenteuerfilmen geschnittenen Szenen. Was man kriegen konnte – Eisenbahnzusammenstöße, Vulkanausbrüche, Nashornattacken, Panikszenen (stets mit großen Massen Japanern) –, wurde dem Original entnommen und in Dschungel-Jims wundersam flexible Handlungen verwoben. Hin und wieder erschien der immer beleibtere Weissmüller auf der Leinwand, rang ein seltsam steifes, widerstandsloses Krokodil zu Tode oder jagte ein paar Kannibalen in den Wald, doch diese störenden Einsprengsel waren meist von kurzer Dauer und wurden nur sporadisch ausreichend erklärt.

Es würde mich gar nicht wundern, wenn sich nie mehr als vier Leute auf einmal einen Dschungel-Jim-Film im Kino angesehen hätten. Auch meiner Aufmerksamkeit wären die Streifen sicher entgangen, wenn 1959 nicht WOI-TV, ein im tiefen Iowa wegen seines unermüdlichen Einsatzes für Mittelmäßigkeit wohlbekannter Fernsehsender, das gesamte Dschungel-Jim-Oeuvre käuflich erworben und das nächste Dutzend Jahre jeden Freitagabend zwei davon im Doppelpack gezeigt hätte. Was sich insofern tragisch auswirkte, als ich diese Filme nicht nur mit unerklärlicher Hingabe sah, sondern unauslöschlich von ihnen geprägt wurde. Ja, hätte ich nicht immer mal wieder den Klassiker von 1952, *Bwana, der Teufel*, gesehen und 1961 eine Dschungelsafari in Disneyland gemacht, hätten sich meine Kenntnisse des Lebens in Afrika bedauerlicherweise ausschließlich auf die Dschungel-Jim-Filme gestützt.

ETHIOPIA
SUDAN
UGANDA
SOMALIA
KENYA
N
EQUATOR
LAKE VICTORIA
Kisumu
Mt KENYA
Dadaab
Garissa
Homa Bay
Kericho
Naivasha
Nairobi
Olorgasailie Prehistoric site
Mt KILIMANJARO
Malindi
TANZANIA
Mombasa
AFRICA
KENYA
ATLANTIC OCEAN
INDIAN OCEAN
0 50 100 150 200 250
miles
GOWER '02

Dass meine Vorstellungen von diesem Kontinent überwiegend auf einer Serie von B-Filmen beruhten – made vor mehr als einem halben Jahrhundert in Kalifornien –, bereitete mir allerdings auch keine schlaflosen Nächte. Doch als ein sympathischer junger Mann namens Dan McLean aus dem Londoner Büro von CARE International, der altehrwürdigen, verdienstvollen Wohltätigkeitsorganisation, mich fragte, ob ich wohl nach Kenia fahren, einige ihrer Projekte besuchen und ein paar Zeilen für sie darüber schreiben würde, fiel mir auf, dass in meinem Wissen über den Schwarzen Kontinent Lücken klafften, die ich bei der Gelegenheit stopfen konnte, und ich erklärte mich bereit.

Einige Wochen später bat man mich in CAREs Londoner Geschäftsräume zu einem Treffen mit Dan, seinem Chef Will Day und einem rauen, aber herzlichen Burschen, CAREs Regionalkoordinator in Ostafrika Nick Southern, der gerade in London weilte. Wir setzten uns an einen großen, mit Landkarten von Kenia bedeckten Tisch und sie erläuterten mir in groben Zügen, was sie mit mir vorhatten.

»Zu dem Flüchtlingslager in Dadaab müssen Sie natürlich *fliegen*«, bemerkte Will an einem Punkt nachdenklich und warf mir einen Blick zu. »Schon allein wegen der Banditen.«

Dan und Nick nickten ernst.

»Wie bitte?«, sagte ich, plötzlich heftig interessiert.

»Die Gegend da, das ist alles Banditenland«, sagte Will.

»Wo?«, fragte ich und inspizierte die Karte zum erstenmal genauer.

»Ach, nur hier«, sagte Will und wedelte mit der Hand über

den größten Teil Ostafrikas. »Im Flugzeug passiert Ihnen aber nichts.«

»Auf Flugzeuge wird sehr selten geschossen«, meinte Nick.

An so etwas hatte ich, ehrlich gesagt, überhaupt nicht gedacht. Ich hatte brav meine Hausaufgaben gemacht, *Jenseits von Afrika* angeschaut und dabei den Eindruck gewonnen, dass ich auf dieser Reise hauptsächlich auf Veranden sitzen und mir von Dienern mit Turban Unmengen Kaffee servieren lassen würde. Ab und zu besuchten wir sicher auch ein Krankenhaus und jemand aus der Reisegruppe musste gelegentlich ein heranpreschendes Tier erschießen, aber ich hatte mir doch nicht vorgestellt, dass – umgekehrt – jemand auf mich schießen würde.

»Also, wie gefährlich ist Kenia nun eigentlich?«, piepste ich, mühsam beherrscht.

»Überhaupt nicht«, erwiderten sie unisono.

»Na ja, kaum«, räumte Will ein.

»Es kommt auch darauf an, was Sie mit ›gefährlich‹ meinen«, sagte Dan.

»Also, zum Beispiel, dass man blutet und nicht wieder aufstehen kann«, überlegte ich laut. »Erschossen wird oder erstochen und so was.«

Sie versicherten mir, das passiere nur sehr selten, und wenn, dann beinahe immer entweder das eine oder das andere, und ich müsse schon großes Pech haben, wenn ich erschossen *und* erstochen würde.

»Im Grunde müssen Sie sich nur wegen Krankheiten Sorgen machen«, fuhr Nick fort. »Malaria, Schistosomiasis, Schlafkrankheit…«

»Rift Valley-Fieber, Schwarzwasserfieber, Gelbfieber…«, sagte Dan.

»Denguefieber, Bilharziose – das Übliche in den Tropen«, ergänzte Will.

Doch sie wiesen mich darauf hin, dass man sich gegen viele dieser Krankheiten impfen lassen kann und die meisten Leute von den restlichen mehr oder weniger vollständig genesen, wenn sie Geduld haben und sich einer gut durchdachten physiotherapeutischen Behandlung unterziehen. Viele können sogar wieder laufen. Ich fragte, ob es sonst noch etwas gebe, das ich wissen solle.

»Na ja, die Straßen sind nicht ganz ungefährlich – da gibt´s schon mal durchgeknallte Fahrer«, kicherte Will.

»Doch abgesehen davon und den Seuchen und den Banditen und der Eisenbahn von Nairobi nach Mombasa besteht absolut kein Grund zur Sorge«, fügte Nick hinzu.

»Was ist mit der Eisenbahn?«

»Ach, eigentlich nichts. Nur der Wagenpark ist ein bisschen antiquiert, und wenn man die Berge hinauf- oder hinunterfährt, versagen manchmal die Bremsen – aber hey, wenn man sich wegen allem grämt, was einem zustoßen könnte, würde man nirgendwo mehr hingehen, stimmt das nicht?«

»Ich gehe nirgendwo hin«, sagte ich entschlossen.

Sie nickten bedächtig.

»Es wird auf jeden Fall ein Abenteuer«, sagte Will fröhlich.

»Und es passiert Ihnen nichts, absolut nichts. Nur kümmern Sie sich vor der Abreise noch mal um Ihre Versicherungen.«

Und so ließ ich mich unwiderruflich auf das afrikanische Abenteuer ein, von dem ich nun erzähle.

Samstag, 28. September 2002

Wir, die fünf tapferen Reisenden, die die Gruppe aus London bilden, treffen uns am Kenya Airways-Schalter in Heathrow. Außer mir und Dan sind es: David Sanderson, ein bedächtiger, freundlicher Zeitgenosse, der bald den Posten des CARE-Regionalkoordinators für Süd- und Westafrika in Johannesburg übernehmen wird, jetzt aber in seiner Eigenschaft als Stadtentwicklungsexperte mit uns fliegt; Justin Linnane, ein angespannter, aber liebenswürdiger junger Mann, der Dokumentarfilme fürs Fernsehen dreht und sich erboten hat, die Expedition auf Video festzuhalten, sowie die Fotografin Jenny Matthews, deren prächtige, einfühlsame Aufnahmen dieses Bändchen schmücken. Jenny mit ihren weißen Haaren und ihrer sanften Unaufdringlichkeit ist das eigentliche Wunder der Gruppe. Wenn Sie sie in einem Supermarkt sähen, würden Sie sie für eine Lehrerin oder Beamtin halten. Dabei geht sie seit fünfundzwanzig Jahren furchtlos und offenbar unverwüstlich überall dorthin, wo es brennt – nach Tschetschenien, Bosnien, Afghanistan, Ruanda. Wenn es auf dieser Reise eng wird, halte ich mich an sie.

Als erstes überrascht uns Kenya Airways mit der guten

Nachricht, dass wir Businessclass fliegen dürfen, weil wir so nett und freundlich sind und so tadellose Manieren haben. Die Fluggesellschaft wird darum hier lobend erwähnt. Der Flug von London nach Nairobi dauert neuneinhalb Stunden und wir sind hocherfreut, dass wir die in aller Bequemlichkeit mit besseren Getränken und einem Extra-Party-Snack verbringen dürfen.

Als wir etwa eine Stunde in der Luft sind, stoße ich zufällig auf einen Artikel im *Economist*, in dem Nairobi als neue Hauptstadt des Verbrechens in Afrika bezeichnet wird. Bestürzt muss ich zur Kenntnis nehmen, dass Straßenkinder von an Ampeln wartenden Autofahrern Geld verlangen und wenn sie keins kriegen, ihren Opfern Kugeln aus menschlichen Exkrementen ins Gesicht schmieren.

Diese Information enthalte ich meinen neuen Gefährten keineswegs vor und wir küren Dan, unseren Gruppenführer, zum »Einschmierkandidaten der Woche«. Es fügt sich gut, dass er gerade auf der Toilette ist, als wir die Angelegenheit erörtern; die Beschlussfassung erfolgt einstimmig. Um ihm die Freude an Nairobi nicht zu verderben, beschließen wir darüber hinaus, ihm unsere Entscheidung erst dann mitzuteilen, wenn Kinder im Anmarsch sind.

Wir landen nachts auf dem Jomo Kenyatta-Flughafen, es ist angenehm kühl. Kentice Tikolo, eine ungeheuer launige kenianische Dame aus dem CARE-Büro in Nairobi, holt uns ab und verfrachtet uns in wartende Taxis. In *Jenseits von Afrika* ist Nairobi ein sonniges Landstädtchen, doch zu meiner Enttäuschung muss ich nun feststellen, dass man diesen hübschen Ort irgendwann in den letzten fünfzig, sechzig Jahren ausgerechnet durch Omaha ersetzt hat. Nairobi ist eine x-beliebige moderne Großstadt mit Ampeln, Hochhäusern und Plakatwänden, auf denen für Samsung-Fernseher und dergleichen geworben wird. Unser Hotel ist ein Holiday Inn – sehr hübsch und bequem, aber kaum eine Residenz, aus der es »Willkommen in Afrika, Bwana!« ertönt.

»Sie werden schon noch genug von Afrika sehen«, versichert mir Kentice, als wir uns zu einer Runde gesundheitsfördernder Flüssigkeitsaufnahme in der Bar treffen. »Wir zeigen Ihnen jede Menge exotischer Dinge. Haben Sie schon mal Kamel gegessen?«

»Nur in der Mensa meiner Highschool, und da hieß es Lamm«, erwidere ich. Als Dan zum Tresen geht, nutze ich die Gelegenheit und frage sie nach den Straßenkindern, von denen ich auf dem Flug gelesen habe.

»Ach, das lassen Sie mal Ihre geringste Sorge sein«, lacht sie. »Viel schlimmer ist es, wenn Ihnen das Auto geraubt wird. Da geht´s manchmal ganz schön gewalttätig zu.«

»Wie tröstlich.«

»Aber keine Bange«, fährt sie fort, legt mir beruhigend die Hand auf den Arm und wird ernst. »Wenn etwas passiert – wir haben hervorragende Kliniken in Nairobi.«

Wir gehen früh schlafen, denn am nächsten Morgen wollen wir früh aufstehen. Betrübt sehe ich, dass kein Moskitonetz an meinem Bett ist. Nicht ahnend, dass es in Nairobi keine Malaria gibt, sprühe ich mich großzügig mit Insekten-

Oben:
Über 700.000 Menschen leben in Kibera bei Nairobi, dem größten Slum in Afrika.

Unten: Bill Bryson in Kibera.

Links: Ein Mädchen in Kibera.

Unten links: Offene Abflüsse und sehr schlechte sanitäre Anlagen sind an der Tagesordnung.

Unten rechts: Eine der typischen Hütten in Kibera.

spray ein und klinge die ganze Nacht jedesmal, wenn ich mich im Bett umdrehe, wie ein Klettverschluss, der aufgerissen wird. Außerdem träume ich Schreckliches: Dschungel-Jim jagt mich mit tatkräftiger Hilfe eines weißen Pygmäenstamms durch die Straßen von Omaha und wirft mit Kotkugeln nach mir.

Sonntag, 24. September

Morgens fahren wir nach Kibera, ein Meer von Blechdächern, das sich etwa eine Meile an einem dunstigen Berghang im Süden der Stadt entlangzieht. Kibera ist der größte Slum in Nairobi, wahrscheinlich der größte in Afrika. Niemand weiß, wie viele Menschen dort leben. Mindestens 700.000, vielleicht aber auch eine Million oder noch mehr. Nicht weniger als 50.000 Kinder dort sind AIDS-Waisen und mindestens ein Fünftel der Bewohner HIV-positiv, es könnte aber auch die Hälfte sein. Keiner weiß es. An Kibera ist nichts sicher und offiziell, nicht einmal seine Existenz. Es erscheint auf keiner Karte. Es ist nur da.

Als Fremder kann man nicht einfach hineinspazieren. Gut, man kann, aber man würde nicht wieder herauskommen. Kibera ist gefährlich. Wir werden zu Fuß vom Distriktkommissar Nashon Opiyo, einem liebenswürdigen Riesen, und dreien seiner Stellvertreter herumgeführt. Sie wohnen alle in Kibera und sind, obwohl Kibera offiziell gar nicht existiert, von der Regierung angestellt, um das Ganze ein bisschen im Auge und sicher auch im Griff zu behalten.

Wenn man in den Slum hineingeht, verliert man sich sofort in einem chaotischen, scheinbar endlosen Gewirr stinkender, enger Gassen, die durch Reihen baufälliger Hütten aus Blech, Lehm, Zweigen und Löchern führen. Im allgemeinen sind diese Bruchbuden mit Lehmboden drei mal drei Meter groß und beherbergen fünf, sechs Bewohner. In der Mitte jeder Gasse verläuft ein flacher Graben, durch den ein schmales Rinnsal tröpfelt. Es liegen Dinge darin, die man nicht gern sieht und in die man schon gar nicht hineintreten möchte. Es gibt keine sanitären Einrichtungen – kein fließendes Wasser, keine Müllabfuhr, so gut wie keinen Strom, kein einziges Wasserklosett. In einem Teil mit Namen Laini Saba gab es bis vor kurzem gerade mal zehn Latrinen für 40.000 Menschen. Besonders nachts, wenn Hinausgehen gefährlich ist, benutzen viele Leute etwas, das als »fliegende Toilette« bekannt geworden ist: eine Plastiktüte. Sie machen die Tür auf und werfen sie so weit wie möglich hinaus.

In der Regenzeit verwandelt sich das Ganze in schleimigen Morast. In der Trockenzeit besitzt es den Charme und das heilsame Klima einer Müllkippe. Immer stinkt es nach Fäulnis. Ein bisschen ist es, als wandere man durch einen Abort. Kibera ist schlimmer als der schlimmste Ort, an dem Sie je gewesen sind.

Es ist aber nur einer von etwa 100 Slums in Nairobi und keineswegs der schlimmste. Insgesamt sind mehr als die Hälfte von Nairobis drei Millionen Einwohnern in diese extrem elenden Areale gepfercht, die zusammen nur etwa 1,5 Prozent des Stadtgebiets ausmachen. Was, fragte ich David Sanderson, ist in Kibera besser?

»Es gibt eine Menge Fabriken in der Umgebung«, sagte er, »also Arbeit, wenn auch nur Gelegenheitsjobs. Hat man Glück, verdient man ein paar Dollar am Tag, vielleicht sogar soviel, dass man was zu essen und einen Blechkanister Wasser kaufen sowie ein wenig für die Miete zurücklegen kann.«

»Wie hoch ist die?«

»Ach, nicht hoch. Zehn oder zwölf Dollar im Monat. Aber der jährliche Durchschnittsverdienst in Kenia beträgt 280 $, da sind 120 oder 140 $ pro Jahr für Miete ein großer Teil des Einkommens. Und fast alles andere hier ist ebenfalls teuer, sogar Wasser. Die Leute in einem Slum wie Kibera zahlen im Durchschnitt fünfmal soviel für das Wasser wie die Leute in der entwickelten Welt, denen es ins Haus geliefert wird.«

»Unglaublich«, sagte ich.

Er nickte. »Jedesmal, wenn Sie die Toilette spülen, verbrauchen Sie mehr Wasser, als dem Normalverbraucher in den Entwicklungsländern an einem Tag für alles zusammen zur Verfügung steht: Kochen, Saubermachen, Trinken, alles. Das ist schlimm. Für viele Menschen heißt Kibera im Grunde lebenslänglich. Wenn man nicht das große Los zieht und eine Arbeit findet, ist es wahnsinnig schwer, hier vorwärtszukommen.«

Jeden Tag landen weltweit 180.000 Menschen in Städten wie Nairobi oder werden dort geboren, hauptsächlich in Slums wie Kibera. Im 21. Jahrhundert entfallen neunzig Prozent des Weltbevölkerungswachstums auf die Städte.

»Ob gut oder schlecht – so ist es, und hier liegt ihre Zukunft«, sagte David. Erstaunlich, aber Hilfsorganisationen wie CARE können für städtische Slums wie Kibera wenig tun. Die Regierungen stellen sich quer. »Sie erlauben meist deshalb keinerlei dauerhafte Verbesserungen, weil sie befürchten, dass damit nur Kiberas Existenz bestätigt würde. Außerdem haben sie Angst, dass noch mehr Menschen auf die Idee kämen, vom Land hierherzuziehen. Da tun sie lieber so, als ob es diese Slums gar nicht gäbe.«

»Aber sie wissen doch, dass Kibera hier ist.«

Lächelnd deutete er auf ein großes Haus, ein umzäuntes Anwesen, das einen benachbarten Berghang, nur ein paar hundert Meter vom Rand Kiberas entfernt, dominierte: die Nairobier Residenz von Daniel arap Moi, seit 1978 kenianischer Staatspräsident. »Er sieht es, jeden Morgen, wenn er aus dem Fenster schaut. Die Regierenden wissen ganz genau, dass Kibera existiert.«

Ich fragte Bonard Onyango, einen unserer Beschützer, einen freundlichen Mann unbestimmten Alters, ob er schon immer in Kibera gewohnt habe.

»Nein, nein«, sagte er. »Ich bin vor zwanzig Jahren vom Land hierhergekommen.«

»Wie schlimm muss es auf dem Land sein, wenn Sie lieber hier leben wollen?«, fragte ich.

»Auf dem Land ist es sehr schön«, erwiderte er. »Aber es gibt keine Arbeit und somit kein Geld. Und ohne Geld kann man seine Kinder nicht zur Schule schicken. Wenn man aber in der Stadt hart arbeitet und Glück hat, kann man seinen

Kindern eine Ausbildung geben und ihnen vielleicht ein besseres Leben ermöglichen. Alle sind wegen ihrer Kinder hier.«

»Wirklich?«

»O ja, die meisten jedenfalls.«

Kentice hatte zugehört und nickte zustimmend. »Gleich dort«, sagte sie und deutete über ein paar Dächer, »ist die Olympic-Grundschule. Und wissen Sie, es ist die beste Grundschule in ganz Kenia.«

»Tatsächlich?« Ich war beeindruckt.

Sie nickte ernst. »Drei der acht besten Grundschulen im Land sind hier in Kibera. Leute außerhalb Kiberas versuchen ihre Kinder in diese Schulen zu kriegen, weil sie so gut sind.« Sie hörte gar nicht auf zu nicken. »Die Leute hier tun alles Menschenmögliche, damit ihre Kinder ein besseres Los haben als sie.«

»Dann ist es nicht vollkommen hoffnungslos?«, fragte ich.

Kentice lachte laut. »Nein, nein, in Kenia haben wir immer Hoffnung«, sagte sie.

Damit der Kontrast zu Kibera auch vollends zur Geltung kam, fuhren wir nachmittags an den Westrand der Stadt – durch einen Baum bestandenen Vorort nach dem anderen, und alle erinnerten mehr an Guildford oder Weybridge als an Afrika. Unser Ziel war ein früher einmal nur Weißen vorbehaltenes Gebiet namens Karen, dessen bekannteste Bewohnerin, wenn auch zufällig, ebenfalls Karen hieß. Ich meine natürlich Karen Blixen, die mit *Jenseits von Afrika* berühmt geworden ist.

Wir besuchten den Karen Blixen Coffee Garden, der um ein altes Farmhaus angelegt ist, das einmal zu ihrer Kaffeeplantage gehörte und nun ein beliebtes Ausflugsziel für Sonntagsmittagsgäste ist. Nach Kibera hätte man wahrscheinlich alles schön gefunden, aber das hier war beinahe schmerzlich schön. Im Farmhaus war ein opulentes, abwechslungsreiches Büfett gedeckt, draußen standen auf einer großen schattigen Rasenfläche Tische aller Größen, an denen sich hauptsächlich weiße Familien gütlich taten. Zu Kolonialzeiten konnte es kaum anders gewesen sein.

Nach dem Lunch schlenderten wir ein paar hundert Meter die Straße hoch zu Blixens Haus, in dem ein Großteil von *Jenseits von Afrika* gedreht wurde. Die Privatgeschichte Karen Blixens interessierte mich zwar nicht sonderlich, aber man bekam einen interessanten Einblick in den Lebensstil der Privilegierten in der Kolonialzeit – die nicht zufällig nur kurz währte, etwa sechzig Jahre. Blixen selbst verbrachte lediglich siebzehn Jahre in Kenia, kaum ein Fünftel ihres Lebens. Wie dem auch sei, das Haus und die Anlagen waren herrlich und man hatte weite Blicke auf Blixens geliebte, blaue Ngong-Berge. Mein aufregendstes Erlebnis aber war, dass ich auf dem Rückweg zum Auto meinen ersten Masai sah. Ein junger Mann mit einem langen Spazierstock, eine rote Stoffbahn um Taille und Schulter geschlungen, lief mit großen Schritten auf der anderen Straßenseite vorbei. Es war grotesk irreal, das Urbild eines Afrikaners durch diese kleine, abgelegene Ecke der Grafschaft Surrey schreiten zu sehen.

»Was macht er denn da?«, fragte ich verblüfft.

Kentice schaute mich leise verwundert an. »Er lebt hier«, sagte sie. »Es ist sein Land.«

Montag, 30. September

Da Kentice wusste, dass ich mich (wegen eines Buches, an dem ich arbeitete) für Vor- und Urmenschen interessierte, hatte sie einen Besuch im Nationalmuseum arrangiert. Dort redeten wir mit Dr. Emma Mbua, der zierlichen, fröhlichen Chef-Paläanthropologin. Hauptsächlich dank der Bemühungen zweier Generationen der Familie Leakey besitzt das Museum die beste Kollektion frühmenschlicher Überreste, die es gibt.

Es geschieht extrem selten, dass ein menschlicher Knochen fossiliert – nur einer von einer Milliarde – und noch seltener findet man einen. Man könnte alle Knochen der ersten Menschen, die man je entdeckt hat, leicht in den Laderaum eines kleinen Lieferwagens packen. Wenn man auch noch den letzten Zahn oder alten Knochensplitter mitzählt, tragen nur etwa 5000 Individuen zum menschlichen Fossilienbestand bei. 500 davon befinden sich im Kenianischen Nationalmuseum in einem zu Recht so genannten Tresorraum, der ein wenig überdimensional geratenen Version eines Bankmagazins mit schwerer Stahltür und dicken, fensterlosen Wänden. Es ist die größte Sammlung der Welt und weit kostbarer als alle königlichen Klunkerkollektionen. Fast nie darf ein Nichtexperte in diesen Raum. Ich fühlte mich hoch geehrt.

Alle Stücke werden in kleinen Holzkisten aufbewahrt, die in Schränken an den Wänden entlang stehen. Eine begeisternde Stunde lang holte Dr. Mbua einen berühmten Schädel nach dem anderen heraus: den des ersten *Homo habilis*, den Louis Leakey 1964 gefunden und den man lange für unseren ältesten direkten Vorfahren gehalten hat, dann den berühmten *Australopithecus boisei*, 1,6 Millionen Jahre alt und 1969 wie durch ein Wunder völlig frei und intakt auf der Erde liegend von Louis´ Sohn Richard entdeckt, sowie den unvergleichlichen Turkanajungen, dessen nahezu komplettes Skelett man in den achtziger Jahren in Nordkenia gefunden und der den Wissenschaftlern auf einen Schlag mehr *Homo erectus*-Knochen beschert hat als alle vorherigen Funde zusammen.

Dr. Mbuas kostbarstes Relikt war der neunzehn Millionen Jahre alte Schädel eines Affen, des so genannten *Proconsul*. »In den vierziger Jahren hat man ihn zum Säubern ins Britische Museum geschickt«, sagte sie, »und dann hat es vierzig Jahre gedauert, bis wir die Leute dort davon überzeugt haben, ihn zurückzuschicken.«

»Warum?«, fragte ich.

»Sie wollten ihn unbedingt behalten«, erwiderte sie, doch ihr Lächeln deutete auf verborgene Tiefen in der Welt der Paläontologie, von deren Existenz ich nichts geahnt hatte. »Jetzt geben wir nichts mehr aus dem Museum heraus, absolut nichts. Es ist zu empfindlich und kostbar. Wenn man diese ganz besonderen Stücke sehen will, muss man nach Nairobi kommen.« Ich war froh, dass ich das getan hatte.

Es gibt nicht nur deshalb so wenige menschliche Überreste, weil Knochen so selten fossilieren, sondern auch, weil nur wenige Landschaften die richtigen Bedingungen zum Erhalt der Fossilien bieten. Die größte davon ist der Ostafrikanische Graben und dorthin fuhren wir als nächstes.

Ich hatte mir den Ostafrikanischen Graben immer wie einen Cañon vorgestellt, einen verhältnismäßig engen Raum, in dem man sein Echo von den Felswänden widerhallen hört. Aber er ist eine etwa 100 Meilen breite und 4000 Meilen lange, gewaltige Ebene. Endlos, wunderschön und erstaunlich üppig. Wenn man südlich und westlich aus Nairobi hinausfährt, kommt man an eine Stelle, an der der Boden einfach abbricht und sich unter einem die größte offene Fläche ausbreitet, die man je gesehen hat, der Ostafrikanische Graben. Ein herrlicher Anblick – eine blassgrüne, endlose Weite, die hier und da von Kratern erloschener Vulkane unterbrochen wird, ansonsten aber unendlich, flach und sehr heiß aussieht.

Wir wollten nach Olorgasailie, 60 Meilen hinter den Ngong-Bergen auf dem Talboden. Als wir aus dem Auto stiegen, umgab uns eine trockene, nach der relativen Kühle in Nairobi um so überraschendere Gluthitze. 1919 stocherte ein Geologe namens J. W. Gregory hier im Boden herum und stieß auf ein großes Areal mit charakteristischen uralten, tropfenförmigen Faustkeilen, die zu den so genannten Acheuléen-Faustkeilen gehören. Als Louis Leakey und seine Frau Mary in den vierziger Jahren endlich Grabungen auf dem Gelände vornehmen konnten, stellten sie fest, dass

Olorgasailie so etwas wie eine Fabrik war, in der diese Werkzeuge ungefähr eine Million Jahre lang in unzähligen Mengen hergestellt wurden, und zwar von vor 1,2 Millionen Jahren bis vor 200.000 Jahren. Aber jetzt kommt's: Die Steine, aus denen die Faustkeile hergestellt wurden, gibt es auf der Talsohle des Ostafrikanischen Grabens gar nicht. Sie mussten von zwei, beide etwa zehn Kilometer entfernten Bergen, dem Ol Esakut und dem Mount Olorgasailie, dort hinbefördert werden. Warum diese frühen Menschen sich eine solche Arbeit gemacht haben und wofür genau sie die Werkzeuge benutzten, ist und bleibt ein Geheimnis. Die Acheuléen-Faustkeile waren für ihre Zeit handwerklich wunderschöne Stücke und jeder einzelne verkörperte eine große schöpferische Leistung. Aber zum Schneiden, Zerhacken oder Kratzen waren sie nicht besonders gut geeignet, jedenfalls kaum besser, als es beinahe jeder beliebige, nicht bearbeitete Stein gewesen wäre.

Und trotzdem unterzogen sich eine Million Jahre lang frühe Menschen der nicht unerheblichen Mühe, große Brocken Quartz und Obsidian zu sammeln, sie meilenweit durch eine brütend heiße Landschaft zu transportieren und auf diesem zehn Morgen großen Gelände Faustkeile daraus zu schlagen. Ja, mehr noch, bei den Ausgrabungen stellte sich heraus, dass es einen Bereich gab, in dem die Keile hergestellt und einen anderen, in dem die stumpf gewordenen wieder geschärft wurden. Es war alles picobello organisiert.

Heute liegen Tausende und Abertausende dieser Steinwerkzeuge überall in Olorgasailie einzeln oder in Haufen herum, liegengelassen vor Hunderttausenden von Jahren von Vorfahren, die von uns so weit entfernt sind, dass man sie noch nicht einmal als *Homo sapiens* bezeichnet. Eine erstaunliche Stätte. Eigenartig ist überdies, dass dort nie menschliche Überreste gefunden wurden. Wir können nur raten, wer diese frühen Menschen waren.

Das alles weiß ich, weil uns ein sehr kluger, enthusiastischer junger Mann vom Kenianischen Nationalmuseum dort herumführte. Obwohl Jillani Ngalla offenbar alles wusste, was man über Olorgasailie, Acheuléen-Faustkeile, den Ostafrikanischen Graben und die frühen Hominiden wissen muss, wirkte er schrecklich jung für eine Autorität auf dem Gebiet. Ich fragte ihn, wie lange er schon Paläontologe sei.

»Ich bin gar keiner«, sagte er fröhlich. »Ich will erst einer werden. Ich habe auch schon die Zulassung für die Universität von Pretoria«, fuhr er nicht ohne Stolz fort, »aber leider fehlt mir das notwendige Geld.«

»Wieviel kostet es denn?«, fragte ich.

»10.000 US-Dollar.« Er schaute mich so entschuldigend an, als hätte er zehn Millionen gesagt.

»Und haben Sie die Hoffnung, dass Sie das Geld irgendwie auftreiben?«, fragte ich.

»So wie es im Moment aussieht«, erwiderte er und dachte eine Minute nach, »nein.«

Am frühen Abend begaben wir uns zu dem eher bescheidenen Hauptbahnhof in Nairobi, um mit dem Schlafwagenzug nach Mombasa zu fahren. Kenya Railways pflegt die Tradition, ihre Fahrgäste umzubringen. Bei Unfällen mit ihren Zügen sind allein in den vergangenen zehn Jahren mehr als 200 Menschen umgekommen. 1999 ereignete sich das Malheur, das in letzter Zeit am meisten Aufsehen erregt hat. Der Nachtzug Nairobi-Mombasa sprang im Tsavo National Park, an einer Stelle mit dem vielsagenden Namen »Menschenfresserknotenpunkt«, aus den Gleisen und 32 Menschen starben.

Das Personal machte Bremsversagen verantwortlich. Kenya Railways machte das Personal verantwortlich. Keiner weiß, was wirklich geschah. Im Jahr darauf verloren innerhalb von vier Tagen noch einmal über 30 Leute bei zwei Unfällen ihr Leben; beide Male hatten sich die Züge selbstständig gemacht. Bei der allerschlimmsten Katastrophe stürzte 1993 ein Zug von Nairobi nach Mombasa von einer Brücke in den Krokodil verseuchten Fluss Ngai Ndeithay und 140 Fahrgäste starben. Ngai Ndeithay bedeutet in Swahili »Gott steh uns bei«, was eigentlich kein ungeeignetes Motto für Kenya Railways selbst wäre. Jedenfalls wurde dieser Zug fast von Anfang an Irrenexpress genannt. Ich weiß gar nicht, warum.

Der Menschenfresserknotenpunkt heißt übrigens so, weil während des Baus der Strecke 1898 etwa 140 indische Arbeiter von zwei Löwen geschnappt und gefressen wurden (und »Indisches Essen zum Mitnehmen« eine völlig neue Bedeutung erhielt). Der Chefingenieur der Eisenbahngesellschaft, ein Ex-Militär namens Lt. Col. John H. Patterson, versuchte monatelang, die Löwen in eine Falle zu locken (wobei

Oben: Die Slum-Bewohner haben so gut wie keinen Zugang zu öffentlichen Versorgungseinrichtungen. Herumliegender Unrat ist eine besondere Gesundheitsgefahr.

Unten: Am Bahnhof und im Zug nach Mombasa.

Oben links: Kunstgewerbe auf dem Markt in Dadaab.

Oben rechts: Die Fertigung von kunstvollen Körben in Dadaab.

Links: Ein Mädchen aus Somalia in der Schule für Flüchtlinge in Dadaab.

er oft verständlicherweise zögernde Inder als Köder benutzte), schaffte es aber nicht. Bei einer denkwürdigen Gelegenheit saß ein kleiner Angestellter, C.H. Ryall, die ganze Nacht in einem offenen Waggon, das Gewehr auf einen riesigen Köder davor gerichtet, nickte aber leider ein. Die Löwen ignorierten den Köder und nahmen stattdessen den armen Ryall.

Nach neun Monaten vergeblichen Bemühens brachte Patterson Anfang Dezember endlich eine der Bestien zur Strecke. Drei Wochen später schoss er die zweite an und verwundete sie, doch sie entkam in den Busch. Beim ersten Tageslicht am nächsten Morgen folgte Patterson der Blutspur bis zum Unterschlupf des Löwen. Obwohl der schwer verwundet war, griff er an. Patterson feuerte beide Läufe seiner Büchse auf ihn ab, doch zu seiner nicht geringen Verblüffung taumelte das Tier nur zur Seite und ging dann erneut zum Angriff über. Als Patterson sich zu seinem Gewehrträger umwandte, weil er seine Ersatzwaffe haben wollte, musste er zu seiner weiteren Verblüffung feststellen, dass der Träger knapp fünfzig Meter entfernt gerade auf einen Baum kletterte. Patterson tat es ihm nach und hatte sich soeben auf einen Ast gehievt, als der Löwe schon nach seinen zitternden Flanken schnappte. Der Lt. Colonel entriss dem feigen Träger die Büchse, schoss noch einmal, und jetzt endlich fiel der Löwe tot um. Das Schicksal des Trägers ist nicht überliefert, aber ich glaube, wir gehen nicht fehl in der Annahme, dass man ihm forthin keine Feuerwaffe mehr anvertraute.

Die Fahrt von Nairobi nach Mombasa dauert dreizehn Stunden, fast nur in der Dunkelheit, was, alles in allem betrachtet, auch besser ist. So lange der Zug gerade und fest auf den Schienen rollte, war er wunderbar. Gewiss, er war nicht mehr der Jüngste, aber wir hatten alle ein gemütliches eigenes Abteil, das sehr bequem aussah, der Speisewagen war prächtig, es gab ein herzhaftes Drei-Gänge-Menü und die Bedienung war gut gelaunt und aufmerksam. Im Bewusstsein der vor uns liegenden Todesgefahren ergriffen wir allerdings die kluge Vorsichtsmaßnahme, uns vor, während und nach dem Abendessen mit vielen Gläsern Tusker Bier zu betäuben. Schlaf fanden wir trotzdem nicht.

Zunächst einmal waren die Betten schmal und entschieden von der harten Sorte, doch die willkürlichen, irren Bewegungen des Zuges machten sogar leichten Schlummer unmöglich. Normalerweise mag ich Nachtfahrten mit der Bahn, aber hier hatte ich das Gefühl, als versuchte ich trotz eines Erdbebens zu schlafen. Selbst in den sehr seltenen ruhigeren Phasen kam ich mir vor wie auf einem Fließband in einem Bergwerk, auf dem Diamanten aus Gesteinsbrocken losgerüttelt werden. Weil es draußen stockfinster war, konnte man auch nie erkennen, wo man war, merkte jedoch an der Schräglage des Waggons sehr genau, dass es den Großteil der Nacht steil bergab ging. Alle paar hundert Meter, so fühlte es sich an, latschte der Lokführer auf die Bremsen und setzte eine Kettenreaktion von Kollisionen in Gang. Jeder Wagen knallte nämlich auf den vor sich und Sekundenbruchteile später folgte das dumpfe Aufschlagen und verwirrte Stöhnen der Leute, die soeben aus dem Bett geschleudert worden waren. Das Ganze hätte sich nicht sehr viel anders gestaltet, wenn man uns alle in große Fässer gesteckt und nach Mombasa gerollt hätte.

Dienstag, 1. Oktober

Und so traten wir in die drückende, feuchte Morgenhitze Mombasas und freuten uns, wieder festen Boden unter den Füßen zu haben. Ein Wagen unseres Hotels, der uns die Küste hinauf nach Malindi bringen sollte, wartete schon auf uns. Unsere Tagesaufgabe erschöpfte sich eigentlich in der Vorbereitung unseres Fluges am nächsten Tag nach Dadaab zu einem großen CARE-Flüchtlingslager, aber wir hatten doch auch noch einiges andere zu erledigen.

Als Erstes brachten wir David Sanderson zu einem Strandhotel nördlich von Mombasa, in dem CARE-Leute aus ganz Afrika zu einer Konferenz versammelt waren, um die Vorhaben der nächsten fünf Jahre zu diskutieren. David sollte dort eine Rede halten und dann nach London zurückfliegen. Außerdem holten wir Nick Southern ab, den Regionalkoordinator für Ostafrika, den ich, wie Sie sich erinnern werden, in London kennen gelernt hatte. Für die nächsten fünf Tage war er unser Gastgeber und Beschützer. Nick ist ein alter Afrikakenner, die meiste Zeit in den letzten fünfzehn Jahren in Kenia gewesen und kennt das Land in- und auswendig.

Mit ihm zusammen fuhren wir also die Küste entlang durch eine üppige tropische Landschaft mit Palmenhainen und endlosen Sisalplantagen (aus Sisal macht man Seil, erfuhr ich) zu dem kleinen Ferienort Watamu.

Watamu war friedlich bis apathisch. Es gab einige ansehnliche Hotels und dazugehörige Geschäfte – Taucherläden und dergleichen –, aber einen eindeutigen Mangel an Feriengästen. »Der Tourismus hat hier wirklich einen herben Rückschlag erlitten«, sagte Nick. »Besonders die Ferienorte an der Küste. Wenn die Leute Löwen und Giraffen sehen wollen, müssen sie immer noch nach Kenia kommen, aber wenn sie nur Strandurlaub machen wollen, dann können sie in Dutzende anderer Länder fahren.«

Bis Mitte der Neunziger war Kenia zehn Jahre lang ein begehrtes Reiseziel und die Zahl der ausländischen Besucher stieg 1995 bis auf 850.000. Doch schon 1997 war sie nach einer Flut schlechter Nachrichten unter 500.000 gesunken. Alle Welt erzählt einem Gruselgeschichten über das unselige Ende von Keniabesuchern. Schon bevor ich überhaupt dorthin flog, hatte ich drei verschiedene Versionen des Abenteuers eines deutschen Touristen gehört, der entweder am Strand spazieren ging, draußen vor einem Café saß oder in einem Auto an einer Ampel anhielt und den Arm aus dem Fenster hängen ließ. Jedenfalls hackte ihm jemand mit der Machete den Arm ab und rannte mit der Rolex daran weg. Die Geschichte stimmt nicht, aber das ist einerlei. Was zählt, ist, dass die Menschen sie glauben.

»Wenn die Leute so was hören und dann noch jemand

sagt: ›Ach und übrigens, ihr müsst auch Malariatabletten mitnehmen‹, entscheiden sich viele, nach Spanien zu fahren«, sagte Nick. »Eine Schande, denn es spricht so vieles für Kenia: wunderschöne Landschaften, nette Menschen, irrsinnige Flora und Fauna, hervorragendes Klima, tolle Strände. Schauen Sie sich doch das nur an!« Mit weit ausholender Geste deutete er auf eine Szene unvergleichlicher Herrlichkeit: weiter Strand, wippende Palmen, strahlende Sonne, glitzerndes Meer.

Auf einem knarzenden, von zwei eifrigen jungen Männern gesteuerten Boot mit Glasboden fuhren wir hinaus zu dem Riff etwa eine Viertelmeile vor der Küste und bewunderten eine Stunde lang die großen, bunten Fischschwärme.

»Praktisch die ganze Küste besteht aus einem Riff wie diesem hier«, sagte Nick. »Und die Kenianer kümmern sich richtig gewissenhaft darum. Sie mögen ja vieles falsch machen, aber ihre Tier- und Pflanzenwelt hegen und pflegen sie.« Er zuckte ein wenig bedauernd mit den Achseln. »Diese Woche werden Sie viel Schlimmes sehen. Deshalb dachte ich, es wäre gut, wenn wir auch was Schönes anschauen.«

»Danke«, sagte ich.

»Und was jetzt kommt«, fuhr Nick fort, »ist wirklich schön. Haben Sie schon mal von den Ruinen von Gedi gehört?«

»Nein«, sagte ich und musste nicht einmal nachdenken.

»Da sind Sie nicht der einzige. Ich glaube, Sie werden sehr beeindruckt sein.«

Die Ruinenstadt Gedi befindet sich von Watamu aus im Landesinneren, am Ende eines kurvenreichen Wegs durch dichtes Gestrüpp. Vom 13. bis zum 17. Jahrhundert war Gedi eine blühende, aber seltsam geheimnisvolle Stadt, versteckt in einer dschungelüberwucherten Umgebung in einem damals vollkommen abgelegenen Niemandsland an der Küste zwischen Malindi und Mombasa. Die Bewohner waren Muslims und trieben Handel mit aller Welt. Archäologen fanden außer vielem anderen Perlen aus Venedig, Münzen aus China, eine eiserne Lampe aus Indien und eine Schere aus Spanien. Aber nirgendwo, in keinem schriftlichen Bericht, in keiner Sprache, tauchen Gedi oder seine fleißigen Menschen auf. Aus irgendeinem Grunde verkehrten sie 400 Jahre lang mit der Welt, ohne bemerkt zu werden, und keiner weiß, warum es ihnen gelang, sich der Aufmerksamkeit zu entziehen, oder warum sie es überhaupt wollten.

Erst in den zwanziger Jahren wurde die Stadt wiederentdeckt. Da war sie vollkommen überwachsen, doch mittlerweile hat man auf einer Fläche von 45 Morgen bei Ausgrabungen Moscheen, Grabstätten, Häuser und einen prächtigen Palast freigelegt. Auf den Mauerruinen laufen Affen herum und behalten die Besucher diskret im Auge. Immer noch scheint die Stätte halb dem Dschungel zu gehören, mächtige Affenbrotbäume recken sich dort empor, wo sich einmal eine belebte Straße oder jemandes Wohnzimmer befand. Als abends lange Sonnenstrahlen durch den Wald fielen, war es unbeschreiblich schön. Wir wurden vom Kurator Ali Abdala Alausy herumgeführt, einem witzigen, fröhlichen Mann, der sich so sehr über unseren Besuch freute, dass er uns auf eine – im wahrsten Sinne des Wortes – erschöpfende Tour mitnahm. Kein Alkoven oder Giebeldreieck, dessen Geschichte wir nicht lückenlos vernahmen, keine Grube und keine Behausung, deren ausgegrabenen Inhalt er uns nicht in aller Ausführlichkeit schilderte. Voll neuen Wissens und Bewunderung waren wir beim Abschied fällig für ein sehr großes Glas.

Wir übernachteten im Driftwood Beachclub Hotel, einem schicken, aber unübersehbar zu wenig ausgelasteten Etablissement direkt am Indischen Ozean in Malindi. Außer uns saß nur eine vierköpfige Familie an einem entfernten Tisch in dem großen Speisesaal – weiße Kenianer auf Urlaub, meinte Nick.

Wir waren zwar von der schlaflosen Nacht im Zug alle müde, doch trotzdem ungewöhnlich gedämpfter Stimmung. Da begriff ich es noch nicht, aber mit Ausnahme Jennys, die vor nichts Angst hat, waren wir insgeheim davon überzeugt, dass wir am nächsten Morgen sterben müssten.

Mittwoch, 2. Oktober

Vor ein paar Jahren saß ich in einem sechzehnsitzigen Propellerflugzeug auf einem Linienflug von Boston zu meinem Heimatflughafen in New Hampshire und das Flugzeug kam bei schlechtem Wetter vom Kurs ab. Es konnte den Flughafen nicht finden. Vierzig Minuten lang irrten wir herum, fielen gelegentlich durch die niedrigen Wolken (in denen sich, dieser Erkenntnis konnte ich mich nicht verschließen, auch viele Berggipfel befanden), dann gewann der Pilot seine Orientierung zurück oder hatte einfach nur Glück und setzte uns nach einem so steilen Sinkflug auf die Piste, dass ich bisweilen immer noch morgens um drei im Bett auffahre und daran denke. Damals schwor ich mir, nie wieder ein Kleinflugzeug zu betreten. Dann flog ich vor zwei Jahren in eben solch einem über die Fidschi-Inseln, und zwar fast, aber leider nicht ganz, vor der Front des größten tropischen Sturms her, den ich je zu erleben hoffe, und ich gelobte erneut, unter keinen, wie auch immer gearteten Umständen, noch einmal einen Fuß in ein Kleinflugzeug zu setzen.

Und jetzt wollte ich in einem Dritte-Welt-Land 400 Kilometer mit einem Charterflugzeug in Banditenland fliegen. Beim Frühstück erwähnte ich meine Bedenken gegenüber Nick Southern.

»Ich weiß genau, was Sie meinen«, sagte er aufgeregt. »Mir schlottern auch schon die Knie.«

»Das hatte ich ja nun nicht zu hören gehofft«, sagte ich.

»Mir schlottern die Knie«, sagte er noch einmal, damit ich's auch ja begriff.

»Ich hatte ja eher gehofft, dass Sie mir sagen, es passiert nichts und diese Flugzeuge stürzen nie ab.«

»Nein, nein, sie stürzen dauernd ab«, sagte Nick.

»Das weiß ich, Nick. Aber ich hatte gehofft, Sie würden mir sagen, dass sie in Kenia aus irgendeinem Grunde nicht abstürzen und dass aus einem anderen Grund, auf den ich noch gar nicht gekommen bin, die besten Piloten der Welt hierher kommen und Charterflugzeuge fliegen.«

Aber Nick hörte mir offenbar nicht mehr zu. »Sie stürzen dauernd ab«, sagte er. »Der arme Richard Leakey hat bei einem Flugzeugabsturz in Kenia beide Beine verloren!«

»Das ist mir wohlbekannt«, sagte ich.

»Und dabei hatte er noch Glück«, fügte er geheimnisvoll hinzu.

Dann kam Dan, auch er ein verzagter Flieger, an den Frühstückstisch. Er war schneeweiß und in einem noch erbarmungswürdigeren Zustand, weil er sich aus Versehen die Zähne mit Sonnencreme geputzt hatte. Und als der arme Justin Linnane auftauchte, sah er ähnlich gespenstisch aus. Er war nervös, weil er noch nie mit einem Kleinflugzeug geflogen war und jetzt feststellen musste, dass er seinen Jungfernflug in Gesellschaft der drei hysterischsten Flieger in Afrika machte. Nur Jenny blieb gelassen.

Und so kam es, dass wir eine Stunde später auf dem Flughafen von Malindi gegen die Reifen des einmotorigen Flugzeugs traten – und es penibel untersuchten; es sollte uns zu dem CARE-Flüchtlingslager in dem weit entfernten, staubigen Dadaab und am frühen Abend von dort nach Nairobi bringen.

Zu meiner Freude kann ich berichten, dass die Maschine ziemlich neu und heil war und der Pilot, ein seelenruhiger Mann namens Nino, unbestreitbar nüchtern und verlässlich aussah. Auf Befragen erklärte er, dass er noch weniger als wir abstürzen wolle, denn er müsse dann auch noch das Flugzeug bezahlen. Das beruhigte mich über die Maßen. Vor allem aber herrschte wunderschönes Flugwetter; es war windstill und fast wolkenlos. Und da wir in die Wüste flogen, war auch die Gefahr eines Sturms gleich null.

Der Flug selbst verlief glücklich und ohne Zwischenfälle. Der Motor schnurrte unerschütterlich vor sich hin und niemand schoss auf uns. Als wir schließlich in Dadaab landeten, war ich beinahe die Ruhe selbst. Dadaab liegt mitten in einer orangefarbenen staubigen Leere etwa sechzig Meilen vor der Grenze zu Somalia, genau auf dem Äquator. Seit Jahren herrscht dort Dürre, was man bei jedem trockenen Rascheln des Windes merkt. Als Anfang der neunziger Jahre Flüchtlinge vor den Kämpfen in Somalia über die Grenze nach Nordostkenia strömten, wurde hastig ein Lager errichtet. Nun, ein knappes Dutzend Jahre später, beherbergt es 134.000 Menschen.

Die Anlage besteht aus drei, jeweils ein, zwei Meilen voneinander entfernten, eingezäunten Camps, und wenn man vom einen zum anderen will, muss man sich, für den Fall der Fälle, von einer Wagenladung kenianischer Soldaten eskortieren lassen. Im Grunde ist das Lager eine Großstadt in der Wüste geworden, es gibt Schulen, Märkte und feste Behausungen. Es existiert jetzt schon so lange, dass eine ganze Generation von Kindern erwachsen geworden ist, ohne ein anderes Dasein kennengelernt zu haben als das hinter Stacheldraht und schweren Eisentoren, immer mit dem Bewusstein, dass die Welt jenseits dieser gemütlichen Grenzen nichts als Gefahren oder Gleichgültigkeit birgt. CARE hat

175 Angestellte vor Ort. 45 Prozent seiner Ausgaben in Kenia entfallen auf das Camp. Dadaab ist ein anschauliches Mahnmal dafür, dass Flüchtlingsprobleme sich nicht einfach dadurch erledigen, dass sich die journalistische Aufmerksamkeit woandershin verlagert. Die Bewohner hängen unabänderlich fest. Nach Somalia können sie nicht zurück, weil es zu gefährlich ist, und in Kenia nirgendwo hin, weil das Land genug eigene Probleme hat, ohne dass sich auch noch 134.000 Somalis auf der Suche nach Essen und Arbeit in Nairobi oder Mombasa niederlassen. Und so existiert dann tief in der Wüste eine Stadt, die keine Stadt ist, mit lauter Menschen, die nicht wissen, wo sie hingehen sollen, und eigentlich nichts zu tun haben.

Einen Tag lang machten wir dort alles, was man in einem Flüchtlingslager so macht. Wir besichtigten die zentrale Essensausgabe, besuchten Schulen, redeten mit Verwaltern und erfuhren, wie man Wasser aus dem Boden holt und aufbereitet. Aber bei allem fehlte es eigenartig an Dringlichkeit. Die Bewohner des Camps starben nicht, waren nicht unterernährt und brauchten auch nicht verzweifelt medizinische Versorgung. Es waren ganz normale Leute wie Sie und ich, die irgendwohin wollten, wo sie anständig leben konnten.

Fast alle, mit denen ich redete, klagten über den einen oder anderen Mangel – an Arbeit, Essen, Lehrern, an etwas zu tun. Es gibt 28.000 Schüler in den Lagerschulen, aber nur 807 Pulte. Es gibt nur ein Lehrbuch für 20 Schüler und einen Klassenraum für 75. Ich unterhielt mich mit einem aufgeweckten jungen Mann namens James Makuach, einem von 357

Schülern, die sich auf das Abschlussexamen der kenianischen Schulen vorbereiteten, Voraussetzung für ein Studium. Er sagte mir, die Schule besitze nicht die Ausstattung, besonders nicht die Geräte für die naturwissenschaftlichen Fächer, die sie brauchten, um die Prüfung zu bestehen.

»Und Sie haben überhaupt keine Hoffnung?«, sagte ich.

»Nicht viel«, erwiderte er mit einem herzzerreißend schüchternen Lächeln.

Dafür fehlte mir natürlich jegliches Verständnis. Ich fragte Nick – nachdrücklich! –, warum die Verhältnisse nicht besser seien. Er schenkte mir einen mitfühlend geduldigen Blick.

»In Afrika gibt es zwanzig Millionen solcher Menschen, Bill«, sagte er. »Geld ist nicht unerschöpflich. Außerdem ist die Verteilung von Mitteln viel komplizierter, als den meisten Leuten klar ist. Ein grundsätzliches Prinzip bei allen Hilfsprogrammen ist zum Beispiel, dass man die Bedingungen für Flüchtlinge nicht merklich besser gestalten kann, als sie für die Gastgeber außerhalb der Lager bestehen. Es wäre ungerecht und würde zu Aggressionen führen. Und alle wären gern Flüchtlinge. Was konkret heißt: Man kann immer nur bis zu einem bestimmten Punkt etwas tun.«

»Aber die Jugendlichen«, sagte ich. »Sie haben keine Zukunft.«

»Ich weiß«, sagte er. »Ich weiß.«

Bei unserem folgenden Rundgang durch das Lager zeigte Dan uns auf dem Schulgelände einen pfiffigen selbstschließenden Hahn an einem Wassertank und sagte, Nick habe ihn erdacht, sei aber zu bescheiden, es zu erwähnen. Nick, stellte sich heraus, ist Wasserbauingenieur von Beruf und der Wasserhahn war eines seiner ersten Projekte in Afrika. Nun könne man sie überall in Afrika finden, erzählte mir Dan.

Interessanterweise haben fast alle CARE-Mitarbeiter im Auslandseinsatz einen anderen Beruf erlernt. David Sanderson war Architekt, bevor er Entwicklungshelfer wurde, Adam Koons, den wir ein, zwei Tage später kennenlernten, Fotograf in der Madison Avenue in New York. Und der Mann, der in seinem früheren Leben den runden Teebeutel erdacht hat, arbeitet jetzt in Ghana für CARE.

»Die Leute, die vor Ort arbeiten, sind anders als wir übrigen«, sagte Dan, als wir herumliefen. »Sie sind weit weg von ihren Freunden und Familien in Ländern wie hier, wo das Leben meist schwierig und gefährlich ist, und versuchen, ihnen unbekannten Menschen zu einem besseren Dasein zu verhelfen. Schon irre. Könnten Sie das?«

»Nein«, sagte ich.

»Ich auch nicht.« Er dachte einen Moment nach. »Aber ich wäre auch nie auf den runden Teebeutel gekommen.«

Am späten Nachmittag gingen wir zu dem kleinen Flugplatz, um die neunzig Minuten zurück nach Nairobi zu fliegen. Ich fragte Nino, wie das Wetter dort sei.

»Ich erzähl´s Ihnen, sobald wir näher dran sind«, sagte er ausweichend, als wisse er mehr, als er mir mitteilen wollte.

Zehn Minuten vor unserer Ankunft in Nairobi begriff ich,

warum er so wortkarg gewesen war. Vor uns tobte ein Sturm. Und zwar heftig. Wenn man in einem kleinen Flugzeug weit vorn sitzt, kann man alles sehen – links, rechts, direkt vor einem. Gut sah nun nichts aus.

Wir befanden uns über den äußeren Vororten Nairobis und schon weit im Landeanflug, als wir in die ersten Turbulenzen gerieten, die aber nicht allzu schlimm waren. Man hatte keineswegs das Gefühl, als fielen die Tragflächen ab oder so was. Doch dann kam der Regen – im Stakkato, plötzlich und lautstark, als werde die Frontscheibe von nassen Kugeln bombardiert. Vielleicht ist es immer so im Cockpit und man kriegt nur nie was davon mit, weil man normalerweise in einem davon abgeschlossenen Teil dahinter sitzt. Nichtsdestotrotz war es alles andere als beruhigend. Schlimmer noch, nach einer Minute war klar, dass Nino nichts, aber auch gar nichts sehen konnte. Auf der Suche nach einem klitzekleinen Fleck, durch den etwas zu erkennen war, bewegte er den Kopf von Punkt zu Punkt auf der gesamten Frontscheibe und drückte die Nase ans Glas. Ich verstand nicht, warum er den Scheibenwischer nicht anstellte, schaute dann genauer hin und sah, dass es keinen Scheibenwischer gab. Ich warf Nick einen kurzen Blick zu und uns durchfuhr gleichzeitig ein einziger Gedanke: Es gibt keinen Scheibenwischer!

Eigentlich zwei Gedanken: Es gibt keinen Scheibenwischer und jetzt sterben wir alle!

Mittlerweile hüpfte Nino auf seinem Sitz herum, als versuche er das Flugzeug zu landen, während er von Feueramei-

Oben: Der Zaun schützt die wertvollen Hilfslieferungen.

Unten: Hilfsgüter vor der Verteilung an Flüchtlingsfamilien.

Links: Ein Grund zum Lächeln – durch die
Unterstützung der Wedco-Gruppe.

Unten: Ein kleiner Zusatzkredit bedeutet
viel für diesen Familienbetrieb.

sen attackiert wurde. Wenn er durchs Seitenfenster spähte, bekam er anscheinend eine sehr grobe Vorstellung von unserer Position. Die war allerdings so grob, dass er zweimal eine scharfe Kurve flog, als weiche er einem hohen Gebäude oder dergleichen aus. Es wurde rapide schlimmer als in meinen schlimmsten Alpträumen.

Aber Nino flog und flog. Eine endlose Minute lang passierte nicht viel. Wir bewegten uns offenbar in einer geraden Linie und sanken allmählich. Als wir gar nicht mehr weit über dem Boden sein konnten – vielleicht zwanzig bis fünfundzwanzig Meter – und vor uns immer noch nichts zu sehen war, war ich endgültig davon überzeugt, dass wir in den nächsten paar Sekunden sterben würden. Ich weiß noch, dass ich entsetzt war, wütend sogar, aber mehr nicht.

Und dann raste mit Karacho – und ich benutze das Wort natürlich mit Bedacht – direkt vor uns, mit grotesk immer schnellerer Geschwindigkeit etwas auf uns zu: eine Landebahn. Nino kippte das Flugzeug und ließ uns derart abrupt fallen, dass uns die Haare zu Berge standen. Wir landeten hart und ganz gewiss nicht in der Mitte und einen langen Augenblick – den einzig wirklich panischen Augenblick der ganzen Episode – schien es, als verliere Nino die Kontrolle und wir würden ins Gras fahren, uns überschlagen und in tausend Stücke zerschellen. Doch er hielt uns wahrhaftig auf Kurs und nach einer kleinen Ewigkeit kamen wir direkt vor einem Hangar zum Stehen.

»Ich nenne mein erstes Kind Nino«, sagte Dan leise.

Nick starrte auf seine Hand und ein großes Stück Flugzeugrumpf, dass er offenbar im Verlauf der Landung abgerissen hatte.

Nino nahm die Kopfhörer ab, drehte sich zu uns um und strahlte. »Tut mir leid, Jungs«, sagte er. »War gar nicht so einfach, die Landebahn zu finden.«

»W-w-warum gibt es denn keinen Scheibenwischer?«, brachte ich heraus.

»Bei einem einmotorigen Flugzeug nützen sie nichts«, erwiderte er und zeigte auf den Propeller direkt vor uns. »Der beste Scheibenwischer der Welt könnte es mit dem Sprühwasser von dem Ding nicht aufnehmen.«

Diese Erklärung empfand ich aus irgendeinem Grunde als insgesamt unbefriedigend, beließ es aber gern dabei. Ich hatte auch plötzlich das überwältigende Bedürfnis, soviel Alkohol zu trinken, wie mein Körpergewicht betrug. Und eines versichere ich Ihnen jetzt hoch und heilig: Wie viele Jahre mir auch noch bleiben und wo immer mich das Schicksal hin verschlägt – wenn ich je durch ein Kleinflugzeug zu Tode kommen sollte, dann muss es schon auf mich fallen.

Donnerstag, 3. Oktober

Und nun ging´s in den Westen Kenias. Frohgemut brachen wir in aller Frühe auf nach Kisumu, Kenias drittgrößter Stadt, am Ufer des Victoriasees. Sie liegt nur etwa 300 Kilometer westlich von Nairobi, doch über weite Strecken sind die Straßen mit Schlaglöchern übersät und so langsam, dass wir mit fünf Stunden Fahrzeit rechneten. Mir war das egal. Uns allen war das egal. Wir waren einen Meter zwanzig über dem Erdboden und voll und ganz damit zufrieden.

Die Landschaft war grandios: grasbewachsen und grün mit weiten Blicken auf den zerklüfteten Mau Escarpment in der einen Richtung und auf die grünen Hügel des Aberdare Nationalparks und des zentralen Hochlands zur anderen und das alles unter einem unendlichen blauen Himmel und glühender Sonne.

An den Hängen zum Ostafrikanischen Graben hin befanden sich in Abständen geräumige Rastplätze, an denen man anhalten und die Aussicht genießen konnte und auf denen fünfzehn, zwanzig trostlose Kitsch- und Andenkenbuden auf Kunden warteten, die jetzt fast nie mehr kommen. Aber die Tiere der Wildnis tummelten sich dort: Pavianfamilien verspeisten totgefahrenes Viehzeugs am Straßenrand, überall in der Savanne sahen wir Impala- und Zebraherden und die Salzseen waren besetzt von Tausenden leuchtend rosafarbener Flamingos. Kein Zweifel, wir waren in Afrika.

Kisumu zeichnet sich dadurch aus, dass es die ärmste Stadt Kenias ist. Fast die Hälfte der Menschen dort lebt von fünfzig Cents am Tag und noch weniger. Komischerweise sah es wohlhabender aus als viele andere Orte, an denen wir gewesen waren. Es hatte ein schickes, modernes Geschäftszentrum und ziemlich viele hübsche Häuser. Und man sah mehr Fahrräder und weniger Straßenkinder.

Wir wollten uns die Arbeit von Wedco anschauen, einer kleinen Bank – Mikrofinanzinstitut ist der offizielle Begriff –, deren Tätigkeit in der Region zu den großen Erfolgsgeschichten von CARE gehört. Seit 1989 gibt Wedco Kleinkredite an Gruppen von Frauen, meist Markthändlerinnen, die bis dahin so gut wie keine Chancen hatten, Darlehen zu bekommen. Ungefähr ein halbes Dutzend Händlerinnen schließen sich zu einem Verein zusammen, leihen sich eine geringe Summe, teilen sie unter sich auf und können ihr Geschäft auf die eine oder andere Weise ausbauen. Durch die Konstruktion mit dem Verein soll das Risiko gestreut werden. Viele Leute fanden es ein bisschen verrückt, sich ausschließlich auf Frauen zu beschränken, doch es war ein Riesenerfolg.

»Unsere Frauen sind sehr pfiffig und arbeiten sehr hart«, lachte Peres Oyugi, Kisumus Zweigstellenleiterin, als wir zum Jubilee Market in der Stadt fuhren, um etwas von dem Wedco-Geld in Aktion zu sehen. Vor zehn Jahren, erzählte sie mir, verzeichnete Wedco in seinen Büchern Kreditvergaben von 18 Millionen kenianischen Shilling – etwa 250.000 US-$. Heute beträgt das Volumen fast das zehnfache, 175 Millionen Shilling; allein in Kisumu hilft die Bank mehr als 200 Gruppen und in der Region gibt es weitere sieben Zweigstellen.

Der Jubilee Market ist fantastisch: voll, laut, kunterbunt, mit großen offenen Hallen, die sich auf frischen Fisch, getrockneten Fisch, Gemüse, Nüsse und andere landwirtschaftliche Produkte spezialisieren. Ich habe noch nie solch köstliche Waren so schön dargeboten gesehen. Jeder Stand war ein Bild des Wohllebens und der Opulenz, jede Erdnuss, jede Tomate und jede Chilischote einzigartig hübsch arrangiert und farbenprächtig. Unglaublich, dass so arme Menschen in solcher Hülle und Fülle schwelgten. Ich fragte Adam Koons, den CARE-Beauftragten in Westkenia, ob es so gut war, wie es aussah.

»O ja«, erwiderte er. »Meine Frau und ich kaufen auch hier ein. Kenianer haben nicht viel Geld, aber beim Essen sind sie sehr pingelig.«

Hinter den Haupthallen für Lebensmittel befand sich eine Art Basar mit winzigen Läden – eigentlich nur Kabuffs – in dunklen Gassen, in denen, von Stoffballen bis zu kleinen Elektrogeräten, alles feilgeboten wurde. Dort lernte ich einige von Wedcos munter prosperierenden Klienten kennen, unter anderem eine freundliche, aber müde aussehende Frau namens Consolata Ododa. Sie verdient sich ihren Lebensunterhalt durch den Verkauf von Restposten, kleinen Dingen: Batterien, Taschenlampen, Plastikbrieftaschen, Schlüsselringen, Spielkarten. Wie alle Frauen in ihrer Gruppe arbeitet sie sieben Tage die Woche, zwölf Stunden am Tag und geht dann nach Hause und kocht das Abendessen für die Familie. Also nicht gerade ein Luxusdasein. Alle zwei Wochen fährt sie mit dem Nachtbus nach Nairobi, kauft neue Waren und kommt rechtzeitig zurück, um ihren Stand am nächsten Morgen ein wenig später als sonst wieder aufzumachen. An dem Tag war sie gerade von der Fahrt zurück und deshalb, erzählte sie mir, »ein bisschen müde«. Mit der ganzen Arbeit macht sie einen durchschnittlichen Umsatz von 3000 Shilling am Tag – ungefähr 30 $ –, von denen sie Miete, Strom, Steuern sowie Raten plus Zinsen für den Kredit bezahlen muss. Für ihren Zwölfstundentag verdient sie normalerweise sechs bis sieben Dollar – wohl kaum ein fürstliches Salär, aber mehr, als sie je zu träumen gewagt hätte, bevor Wedco in ihr Leben trat. Durch solche Maßnahmen wird das Leben der Menschen Schritt für Schritt besser.

Freitag, 4. Oktober

Etwa 50 Meilen südlich von Kisumu liegt Homa Bay, eine träge kleine Stadt mit Schlaglöcherfahrbahnen, glühender Sonne und einer Atmosphäre, als befinde sie sich unentrinnbar am falschen Ende einer langen Straße. Von Kisumu aus fährt man die meiste Zeit über eine extrem unebene, holprige Schotterfahrbahn, die jedoch in allen Karten als Landstraße ausgewiesen wird. Vor einigen Jahren hat die Weltbank auch Geld dafür gegeben, dass sie befestigt wird. Aber ein Regierungsbeamter beziehungsweise eine Gruppe von Regierungsbeamten befanden, man solle den kenianischen Arbeitern die mühsame Plackerei, unter einer heißen Sonne eine Straße zu asphaltieren, lieber ersparen, und steckten das Geld ein.

So etwas passiert in Kenia nicht selten. Einst ein Musterbeispiel an Ordnung und Korrektheit, herrschen nach 23 Jahren Regierung Daniel arap Moi Missmanagement und Korruption in Reinkultur. Transparency International, eine Organisation, die weltweit Korruption untersucht, stuft es nun als die Nation ein, der man am sechstwenigsten trauen kann.

Nach Kenia kommen nur noch Bangladesh, Nigeria, Paraguay, Madagaskar und Angola. Die BBC behauptet, in einem Jahr seien in Kenia zehn Milliarden Dollar öffentlicher Gelder verschüttgegangen. Zehn Milliarden Dollar! In einem Jahr! Und damit war es nicht einmal an der Spitze der Liste.

Warum Institutionen wie die Weltbank oder der IWF, ganz zu schweigen von unseren eigenen schlafmützigen Regierungen, so etwas durchgehen lassen, ist mir ein ewiges Rätsel, aber es hat unselige Konsequenzen für Gruppen wie CARE. Zunächst einmal bedeutet es, dass sie für viele der Dienstleistungen sorgen müssen, die jede anständige Regierung selbst bereitstellen würde. Des weiteren ist es schwerer, Spenden für die Aufrechterhaltung dieser Dienstleistungen zu beschaffen, denn viele Leute glauben, dass alles Geld, das nach Afrika geschickt wird, doch nur in die Taschen von Despoten wandert. Wenn Ihnen das irgend jemand irgendwann einmal zu sagen wagt, müssen Sie ihm etwas ins Auge rammen, das mindestens so groß wie ein Billard-Queue ist. Denn es stimmt nicht. Geld, das man CARE – und Oxfam und Save the Children und unzähligen anderen Organisationen – gibt, geht nicht über korrupte Mittelsmänner. Es fließt direkt in die Projekte.

Im übrigen sind im Dezember Wahlen und Moi muss abtreten. Offenbar hofft man allenthalben, dass mit einer neuen Regierung alles besser wird. »Schlechter kann es jedenfalls nicht werden«, wurde mir mehrfach gesagt.

»Es geht gar nicht darum, riesige Geldsummen auszuschütten, sondern darum, kleine Beträge intelligent zu verteilen«, sagte mir Phillip Makutsa, einer von CAREs Projektleitern in der Provinz Nyanza im Westen Kenias, als wir über unvermindert holprige Straßen in das Dorf Ogongo Tir am Rand des Lambwe-Tals fuhren. Er erklärte mir CAREs neue Richtlinien, die im wesentlichen zweierlei beinhalten: Wenig muss viel bewirken und Hilfe zur Selbsthilfe führen.

»Manchmal geht es um Banalitäten wie die Verkleinerung der Öffnungen von Gemeinschaftswassercontainern, damit die Leute die Hände nicht mehr ins Wasser stecken und es aus Versehen verseuchen«, sagte Phillip. »Allein diese kleine Maßnahme hat dafür gesorgt, dass die Durchfallerkrankungen um 85 Prozent zurückgegangen sind«, fuhr er strahlend fort. Und als wir in Ogongo Tir ankamen, sagte er: »Hier werden Sie sehen, was ich meine.«

Ogongo Tir ist ein weit auseinander gezogenes Dorf in einem grünen Tal, das sich dank CARE eines neuen Brunnens rühmen kann. Den wollten wir uns anschauen. Sicher, er war kein Weltwunder, sondern eine einfache Pumpe mit langem Schwengel, wie man sie immer noch auf vielen Campingplätzen findet. Mein Großvater hatte so eine auf seiner Farm in Iowa und sie stammte ungefähr aus dem Jahr 1900. Der Brunnen hier war also kaum auf dem neuesten Stand der Technik. Was aber hat er nicht alles für die 321 Haushalte in Ogongo Tir bewirkt!

Wenn die Frauen nämlich bisher, erzählte mir einer der Dorfältesten, bei Trockenheit oder in der Trockenzeit Wasser holen wollten, mussten sie zu einer Quelle auf einem steilen, weit entfernten Berg, sieben Stunden hin- und zurücklaufen. Sie brachen um drei Uhr nachts im Dorf auf, damit sie rechtzeitig wieder zurück waren, um ihre sonstigen Aufgaben zu erledigen. Weil es so weit war, konnte keine Frau mehr als einen Kanister mit knapp 20 Litern tragen.

Jetzt müssen die Dörfler nur noch zu einer Lichtung am Dorfrand, um sich ausreichend gesundes, sauberes Wasser zu holen. Das ist eine so tolle Sache für sie, dass sie alle kamen, um uns zu begrüßen. Kinder sangen Lieder und die Alten hielten Reden. Lange Reden. Flammende Reden. Reden in Swahili und Reden in Englisch. Diese Menschen nahmen es mit der Dankbarkeit sehr ernst.

»In unserer Vorgehensweise hat sich viel geändert«, erzählte Nick bei einer Besichtigungstour durch einen Gartenbaubetrieb in der Nähe, in dem dank des Wassers aus dem Brunnen sogar jetzt in der Trockenzeit Gemüse wuchs. »Früher haben wir für ein Dorf einen Brunnen gebaut oder sonst eine Verbesserungsmaßnahme durchgeführt und sind dann woanders hingegangen. Wenn irgendwann die Pumpe kaputtging oder etwas anderes nicht funktionierte, wussten die Leute nicht, was sie machen sollten. Sie kamen zu uns und baten uns, es zu reparieren, weil sie den Brunnen als unseren betrachteten. Jetzt helfen wir ihnen zwar, das Ding zu bauen, dann aber übernimmt das Dorf die gesamte Verantwortung dafür. Es bildet ein Komitee und betreibt ihn wie ein Geschäft. Man erhebt von jedem, der sich Wasser holt, eine kleine Gebühr, sodass man Rücklagen hat, wenn man ihn reparieren oder schließlich sogar einen neuen Brunnen graben muss.«

»Und klappt es?«, fragte ich.

»Überall, wo wir so vorgegangen sind, hervorragend. Es ist schon erstaunlich, wie lange die Hilfsorganisationen gebraucht haben, um zu kapieren, dass die Leute tatsächlich nicht abhängig sein wollen. Sie wollen sich selbst helfen.«

»Das ist ja nur normal«, bemerkte ich altklug.

»So ist es«, stimmte er mir zu.

Wir gingen zu unseren Fahrzeugen zurück und fuhren tiefer in das anmutige, breite Lambwe-Tal hinein. Schließlich hielten wir an einer kleinen Farm, wo wir einen liebenswürdigen, fleißigen jungen Farmer kennen lernten. William Gumbo besitzt vier Morgen gutes, aber semi-arides Land in einer herrlichen Umgebung mitten im Tal. Sie erinnerte einen geradezu gespenstisch an die Toskana oder die Provence – eine trockene, warme Landschaft voll schimmernder Schönheit. Jammerschade, dass Sie William Gumbo nicht auch kennengelernt haben, denn es war eine Freude, ihm zuzuhören.

Bis 1999 erwarb er sich einen kümmerlichen Lebensunterhalt mit dem Anbau von Mais und Hirse und dem Züchten von ein paar Hühnern. Dann traten CARE in sein Leben und das Dak Achana-Programm (Swahili für »gesundes Wirtschaften«). Man brachte ihn mit ein paar Agrarexperten zusammen, die ihm zeigten, wie er seine Ernteerträge steigern und seine Anbaufrüchte diversifizieren konnte. Heute betreibt er eine Musterfarm, ein vier Morgen großes, üppiges grünes Paradies inmitten eines großteils trockenen, kahlen Tals. Er zieht Erbsen, Tomaten, Bananen, Ananas,

›ben links: Der Verkauf von frischen
ischen aus dem Viktoriasee auf
'em Markt in Kisumu wurde
benfalls durch das Wedco-Programm
rmöglicht.

Oben rechts: Die von CARE angeschaffte
Pumpe bringt sauberes Trinkwasser
in das Dorf bei Homa Bay.

?echts: William Gumbo, Landwirt
nit einer Musterfarm.

*Das schönste Spiel:
Die Kinder von Kisumu
und ihr wunderschöner,
selbstgebastelter Fußball.*

Maracujas, Mangos und vieles andere mehr. Lediglich mit Süßkartoffeln hatte er kein Glück. Vieh brach durch einen Zaun und futterte sie auf.

William Gumbo liebt seine Farm. Er hat immer eine dicke Kladde bei sich, in die er jedes Detail aus dem Leben seiner Pflanzen einträgt. Fragt man ihn nach seinen Bananenstauden, blättert er die Kladde durch, sagt, dass er 310 am 20. April 2001 gepflanzt hat, und zeigt einem wöchentliche Aufzeichnungen über ihre Entwicklung. Alles züchtet er aus Samen oder Ablegern. Nichts kommt vorgezogen aus einem Topf. Er macht alles selbst.

Auch ein Eukalyptuswäldchen, insgesamt 1200 Bäume, hat er aus Samen gezogen. Nach eineinhalb Jahren sind sie schon 4,50 Meter hoch. In weiteren eineinhalb Jahren hat er hervorragendes Nutz- und Bauholz. Wenn er auf der Fläche Mais angebaut hätte, hätte er in drei Jahren etwa 16.000 kenianische Shilling erlöst. Mit dem Eukalyptus kann er in der gleichen Zeitspanne bis zu 200.000 Shilling Einnahmen erzielen – mehr als 2.500 $, eine für die meisten kenianischen Farmer utopische Summe.

Ziel des Projekts war es, dass CARE zunächst Gumbo hilft, eine Musterfarm zu errichten, und dann woanders tätig wird. Gumbo wiederum sollte seinen Nachbarn beibringen, was er gelernt hat. Bisher hat er 300 anderen Farmern im Distrikt geholfen.

Dabei ist es nicht leicht, im Lambwe-Tal zu leben und zu arbeiten. Es ist schon lange berüchtigt, weil es zu den schlimmsten Tsetsefliegen-Gebieten in Ostafrika gehört.

Die Fliegenpopulationen haben zwar in den letzten Jahren deutlich abgenommen, doch es fallen ihnen immer noch eine erkleckliche Anzahl Tiere zum Opfer. Außerdem gibt es im Tal immer wieder schreckliche Dürreperioden. Damals, Anfang Oktober, hatte es schon seit mehr als fünf Monaten nicht mehr geregnet, die Landwirtschaft ist hier also immer ein mühsames Geschäft. Auch wenn alles gut läuft, bleibt William Gumbo arm. Sein Haus hat einen Lehmboden, und bis er sich den Luxus von Florteppichen leisten kann, wird es eine Weile dauern. Aber wahrscheinlich wird er genug verdienen, um seinen Kindern Schuluniformen zu kaufen – unabdingbare Voraussetzung zum Besuch selbst staatlicher Schulen in Kenia – und Schulbücher, Bleistifte oder ein Geburtstagsgeschenk.

In einem Satz: William Gumbo ist glücklich, und er hat eine Zukunft. Darauf hat doch sicher jedes Menschenwesen ein Anrecht.

Samstag, 5. Oktober

So, das wär´s mehr oder weniger, leider. Bevor wir nach Nairobi zurückfuhren und von dort nach Hause flogen, verbrachten wir noch einen Tag auf dem Land. Wir besuchten eine Teeplantage in Kericho, aßen mit ein paar netten weißen Farmern zu Mittag und besichtigten eine riesige Blumengärtnerei am Ufer des Naivasha-Sees. Doch für mich endete der Kurztripp mit den glücklichen Dörflern in

Ogongo Tir und ihrem geliebten Brunnen sowie dem heroischen William Gumbo.

In acht Tagen hält sich natürlich das, was man über ein Land lernen kann, in Grenzen. Wir hatten nicht einmal Zeit, weitere CARE-Projekte in Kenia zu besuchen, und die machen ohnehin nur einen kleinen Teil der Aktivitäten von CARE aus. Aber ich habe genug gesehen, um zu begreifen, dass Kenia ein tolles Land und einfach voll von William Gumbos und Consolata Ododas ist (der Dame, die Restposten auf dem Markt in Kisumu verkauft) und Jillani Ngallas (dem jungen Mann, der so gern Paläontologe werden will, es aber vermutlich nie schafft) und dreißig Millionen anderen, ebenso realen Menschen mit einer eigenen Geschichte. Ich glaube ja nicht, dass sie alle Heilige sind und Hilfe verdienen, aber sie haben eines mit uns gemeinsam: Sie sind Menschen. Und wie wir haben sie nur ein Leben und wissen natürlich zu schätzen – sehr sogar, glaube ich –, wenn Menschen aus einem wohlhabenderen Teil der Welt ihnen helfen wollen, ihres zu verbessern. Denn das tut CARE. CARE verhilft vielen zu einem besseren Leben, in vierundsechzig Ländern, jeden Tag viele Tausend Male.

Ich weiß nicht, ob Ihnen wirklich klar ist, dass Sie, wenn Sie dieses schmale Bändchen kaufen, im Grunde kein Buch erstanden, sondern einer Sache, die es wert ist, eine großzügige Spende gegeben und dafür ein Buch gratis bekommen haben. Was nicht das Gleiche ist. Es ist viel nobler. Im Namen von CARE, vielen Dank!

Auf dem Umschlag ist sicher auch unübersehbar vermerkt, dass meine Verleger, Transworld in Großbritannien, Broadway in den Vereinigten Staaten und Bombus in Deutschland keinerlei Gewinne mit dem Buch machen – ich fass es ja selber kaum! Es bedeutet, dass hinter den Kulissen sehr viele Menschen in der absolut hektischsten Zeit ihres Arbeitsjahres unentgeltlich geackert haben, damit das alles zustande kam. Dafür, finde ich, gebührt ihnen ein ganz besonderer Dank und dass wir in Zukunft recht viele ihrer Bücher kaufen.

Ich wiederum und meine Mitreisenden müssen uns bei den Leuten von CARE in Kenia bedanken, weil sie uns soviel gezeigt haben, und bei Ihnen für Ihre Unterstützung. Und am allerbesten war, dass wir in der Woche nicht einmal mit Kot eingeschmiert worden sind.

care

CARE International sagt

Danke schön,

weil Sie Bill Brysons *Afrikanisches Tagebuch* gekauft haben. Wir hoffen, die Lektüre hat Ihnen gefallen.

Und weil dieses Buch nur auf Grund der Großzügigkeit und harten Arbeit einer Reihe von Menschen zustande gekommen ist, sagen wir

Danke schön,

Dan McLean, Jenny Matthews, Justin Linnane, Kentice Tikolo, Nick Southern, Susan Onyango und David Sanderson, die Bill teilweise oder auf der gesamten Reise begleitet haben, und allen Mitarbeitern bei CARE Kenya und CARE International UK, insbesondere Chloe Bayram und Karen Kinross, die ihre Zeit, ihre Kenntnisse und ihre Fähigkeiten zur Verfügung gestellt haben, um den Aufenthalt zum Erfolg zu machen.

Danke schön,

allen Menschen, die wir auf unseren Fahrten durch Kenia

getroffen haben und die uns bereitwillig von ihren Erfahrungen erzählt und uns mit offenen Armen und Herzen (und manchmal auch Küchen) empfangen haben.

Danke schön,
den Mitarbeitern bei Transworld Publishers in London, die dieses Buch innerhalb kürzester Zeit redigiert, gesetzt, hergestellt und promotet haben und sämtliche Gewinne aus dem Verkauf so großzügig an CARE International spenden. Danke schön auch Broadway Books in New York, die ebenfalls alle Gewinne aus den Verkäufen in den USA an CARE spenden, sowie dem Bombus Verlag in München, der die Gewinne aus dem Verkauf der deutschen Exemplare spendet.

Danke schön,
Cynthia Bryson und Carol Heaton für ihre Geduld und ihre Unterstützung. Und Stanfords Travel Bookshop in London und Richard Trillo bei Rough Guides für ihre Hilfe bei der Werbung und Pressearbeit für das Buch.

Vor allem aber danke schön,
Bill Bryson, dem witzigsten, spendabelsten und beliebtesten Schreiber über Menschen und Orte, der alle Honorare aus diesem Buch an CARE International gespendet, sich einem gnadenlosen Terminplan in einem fremden Land unterworfen und sein erstes (aber hoffentlich nicht letztes) Afrikanisches Tagebuch geschrieben hat.

CARE International – weltweit

CARE International ist eine unabhängige humanitäre Entwicklungsorganisation, die einen Beitrag zur Beseitigung der Armut auf der Welt leisten will. CARE entstand Ende des Zweiten Weltkriegs, als amerikanische und kanadische Staatsbürger Millionen »Care-Pakete« an hungernde Familien in die vom Krieg verheerten Länder Europas und Asiens schickten. Heute wirkt CARE International mit seinen Hilfsprogrammen in mehr als sechzig Ländern.

Die Vision ist einfach: »Die Armut muss überwunden werden; die Menschen müssen in Würde und Sicherheit leben können.« Denn während heute viele Menschen im Überfluss leben, leiden mehr denn je zuvor unter extremer Armut: 1,2 Milliarden leben von weniger als einem US-$ am Tag.

CARE erreicht jedes Jahr über dreißig Millionen Menschen. CARE hilft ihnen, sich aus der Armut zu befreien, ihre Bedingungen zu verbessern und an den Entscheidungen mitzuwirken, die ihr Leben bestimmen. Aber wir arbeiten nicht allein; zu unseren Partnern zählen Kommunen vor Ort, Regierungen, UN-Organisationen und Firmen.

Alle von CARE finanzierten Projekte sollen helfen, die Ursachen von Armut dauerhaft zu beseitigen, die Eigenständigkeit der lokalen Bevölkerung zu stärken, anhaltende Abhängigkeit zu vermeiden. Schwerpunkte der Arbeit sind Wasser und sanitäre Anlagen, Gesundheit von Mutter und Kind, die nachhaltige Entwicklung der Landwirtschaft und die Förderung des Kleingewerbes. Dabei konzentrieren wir uns zunehmend auf Projekte mit armen Bevölkerungsgruppen in den dicht besiedelten Großstädten der sich entwickelnden Welt.

Bei Naturkatastrophen, Kriegen und Konflikten leistet CARE International den Überlebenden Soforthilfe in Form von Nahrungsmitteln, Notunterkünften und sonstigen Lieferungen. Wir bleiben lange nach Beendigung der ersten Hilfsmaßnahmen vor Ort und helfen den Menschen beim Wiederaufbau, damit sie ihre Zukunft voller Selbstvertrauen anpacken können.

Wollen Sie die Arbeit von CARE unterstützen? Nähere Informationen auf den folgenden Seiten.

Mehr über CARE in Kenia

CARE International hat mit seiner Arbeit in Kenia 1968 begonnen. Seit mehr als dreißig Jahren hilft CARE der Bevölkerung in verarmten ländlichen Gebieten und großstädtischen Slums Zugang zu den Grundversorgungseinrichtungen zu gewinnen. Außerdem leistet CARE in Notfällen wie Dürren und Überschwemmungen Flüchtlingen lebensrettende Hilfe.

Schwerpunkte der Arbeit von CARE in Kenia sind:

- Trinkwasser und sachgerechte sanitäre Anlagen
- medizinische Grundversorgung (HIV, AIDS)
- Grundschulbildung für unterprivilegierte Kinder
- Nachhaltige Entwicklung der kleinbäuerlichen Landwirtschaft
- Wirtschaftsförderung durch Kleinkredite und betriebswirtschaftliche Schulung

Weitere Informationen bei www.care.org

CARE arbeitet für die Zukunft

CARE International war immer eine global agierende Organisation; heute stehen wir vor größeren Herausforderungen denn je zuvor.

Wir haben eine Vision: Wir wollen den Menschen helfen, ihre Armut zu überwinden und in Würde und Sicherheit zu leben.

Unsere Projekte dienen dem Ziel:

- die lokale Bevölkerung zu befähigen, ihr Leben selbst in die Hand zu nehmen
- die Fähigkeiten der Menschen zur Selbsthilfe zu fördern
- ökonomische und Ausbildungschancen zu schaffen
- den Menschen die Mittel zu geben, mit denen sie ihr Leben grundlegend und langfristig ändern können

Gelingen kann uns das nur mit Unterstützung von Menschen wie Ihnen – Menschen, denen die Welt, in der sie leben, am Herzen liegt und die die Armut abschaffen wollen. Das ist keine einfache, aber eine faszinierende und lohnenswerte Aufgabe. Arbeiten Sie mit uns zusammen, helfen Sie, die Armut zu beseitigen.

Wenn Sie mehr über CARE und mögliche Formen der Mitarbeit wissen möchten, besuchen Sie unsere homepage www.care.org und klicken Sie auf CARE in Ihrem Land.

Gemeinsam können wir eine bessere Zukunft gestalten.

care